AF611937

CRÉATION D'UNE VOIE NAVIGABLE PROFONDE

ENTRE NANTES ET L'OCÉAN

MÉMOIRE

DE LA

CHAMBRE DE COMMERCE DE NANTES

NANTES
IMPRIMERIE DU COMMERCE, EV. MANGIN

1867

MÉMOIRE

DE LA

CHAMBRE DE COMMERCE DE NANTES

CHAPITRE Ier.

ANTÉCÉDENTS DE LA QUESTION ET SON ÉTAT ACTUEL.

« Il n'est pas pour la ville de Nantes de question plus vitale et plus urgente à résoudre que celle de sa jonction avec la mer. Le port de Nantes continuera-t-il, comme par le passé, à être un grand centre de commerce; ou laissera-t-il s'effacer sur l'Océan cette admirable position que la nature lui a donnée et à laquelle se rattache une immense importance, non-seulement au point de vue de sa prospérité particulière, mais encore sous le rapport des grands intérêts nationaux qui se lient à l'embouchure de la Loire ? — Les pouvoirs de l'État reconnaîtront-ils que, s'il n'existe aucun moyen de vaincre dans son lit un fleuve capricieux et rebelle, il est d'autres voies que l'art peut lui substituer avec avantage? »

Telles sont les questions que posait, — dans une réunion tenue à l'Hôtel-de-Ville, sous la présidence du Préfet de la Loire-Inférieure, le 12 janvier 1851, un homme qui, après avoir marqué son passage dans notre ville par son appréciation éclairée des véritables intérêts de Nantes et par sa sollicitude à les défendre, est arrivé aux plus hautes fonctions, M. le général de division Allard, président de section au Conseil d'État.

Ces questions n'ont pas cessé de préoccuper, au milieu de nous, tous les bons esprits, tous les hommes dévoués à la prospérité de Nantes et soucieux de son avenir. Dans notre conviction, l'heure est venue de leur donner enfin une solution trop longtemps retardée.

Cette solution, en effet, ne se trouve pas dans la construction du bassin à flot de Saint-Nazaire et dans celle du chemin de fer de Nantes à Saint-Nazaire.

Un coup-d'œil rapide jeté sur les circonstances dans lesquelles ces deux créations se sont produites, sur leurs causes et sur leurs effets, suffira pour l'établir.

I.

Nous n'avons point à revenir sur les détails donnés par M. l'ingénieur Carlier, dans la première partie de son rapport, relativement à l'origine de la question du bassin de Saint-Nazaire, origine qui remonte à l'année 1819; mais ce qu'il importe de faire observer, c'est que pour le commerce de Nantes et en particulier pour son organe naturel et légal, la Chambre de Commerce, l'idée de créer à l'embouchure de la Loire un bassin à flot n'a jamais été exclusive de celle de relier Nantes à la mer par une voie navigable profonde : ces deux idées ont toujours marché en quelque sorte côte à côte et jamais la première n'a paru aux représentants et aux défenseurs du port de Nantes, un motif d'abandonner la seconde.

Ici les preuves surabondent; nous nous bornerons à en fournir quelques-unes.

C'est en 1840 seulement que la question entra dans une phase qui permettait d'espérer une solution; nous ne remonterons donc pas plus haut, nous en référant au surplus, pour la période antérieure, à l'exposé historique de M. l'ingénieur Carlier.

Le 19 août 1840, M. le comte Jaubert, ministre des travaux publics, vint à Nantes, et dans une réunion de la Chambre de Commerce à laquelle il voulut bien assister, la Chambre, par l'organe de son président, M. Bignon, lui exposa ses vœux : la demande d'un bassin à flot pour Saint-Nazaire y figure, mais elle ne vient qu'après celle de la création d'un canal latéral de Nantes à la mer.

Voici, sur ces deux points, l'extrait du procès-verbal de la séance du 19 août 1840.

« Plusieurs membres, après M. le Président, ayant prié M. le Ministre de hâter l'adjudication des travaux de dragage dans la Basse-Loire, puis les *Études d'un canal maritime de Nantes à Saint-Nazaire par la rive droite,* pour compléter la communication de la mer à l'intérieur de la France, M. le Ministre annonce que M. l'ingénieur en chef Cabrol recevra immédiatement l'ordre de faire les études, en ajoutant que Caen ayant eu son canal, Nantes peut bien prétendre au sien. — M. le Président explique ensuite les droits respectifs et acquis des localités de Paimbœuf et de Saint-Nazaire pour le bassin à flot ; il fait ressortir, en faveur de ce dernier port, les avantages qu'il présente ; il expose les motifs d'y créer ce bassin à flot dans l'intérêt du commerce maritime de Nantes, pour la sécurité des paquebots transatlantiques, et, dans la prévision d'une guerre possible, comme point de relâche de nos bâtiments de guerre . . . . — M. le Ministre paraît convaincu de cette nécessité et annonce que le lendemain il se rendra en poste sur les lieux, et prie M. le Président de l'y accompagner...

« M. le Ministre résume ainsi ses conclusions : Les travaux d'étude du bassin à flot de Saint-Nazaire seront complétés de manière à pouvoir devenir l'objet de propositions du gouvernement aux Chambres dans la session prochaine; *des instructions seront immédiatement données pour que des études soient faites pour un canal maritime de Nantes à Saint-Nazaire*, et en même temps pour un chemin de fer sur le même parcours. »

Dans un mémoire adressé quelques jours plus tard, le 17 septembre 1840, au Président du Conseil des ministres et à ses deux collègues aux départements des Travaux publics et du Commerce, la Chambre, après avoir parlé de l'établissement du bassin à flot, ajoutait : « Nous avons été heureux d'apprendre que vous avez ordonné l'étude d'un projet de *canal maritime latéral à la basse Loire,* et aussi celle d'un chemin de fer de Nantes à Saint-Nazaire. L'une et l'autre de ces créations dont le bassin formera naturellement la tête, seraient d'un grand prix pour notre place; le canal surtout, parce qu'il assurerait l'arrivée devant notre ville des marchandises et des navires. »

Le 15 mars 1844, la Chambre de Commerce insiste auprès de M. le ministre des travaux publics pour que le gouvernement propose aux Chambres un crédit de 5 millions pour le bassin à flot de Saint-Nazaire, et elle le prie en même temps de *s'occuper avec sollicitude d'un canal latéral à la Loire*, canal fluvial au-dessus de Nantes, *canal maritime de Nantes à Saint-Nazaire.*

C'est le 20 mai 1845 que M. Dumon, ministre des travaux publics, présenta à la Chambre des députés un projet de loi portant un crédit de 5 millions et relatif à l'établissement d'un bassin à flot à Saint-Nazaire. Le rapport déposé par M. Dubois, député du Havre, au nom de la commission à laquelle avait été renvoyé l'examen du projet, renferme cette déclaration : « On avait voulu que le bassin fût relié à Nantes par un canal maritime, mais le gouvernement n'a pas cru, *au moins pour le moment,* devoir obtempérer à ce désir. »

La question du canal maritime était donc réservée; elle demeurait entière, et la Chambre de Commerce en prenait acte, en ces termes, dans l'*Exposé de ses travaux pendant l'année 1845* : « L'espoir d'ajouter à l'avantage de posséder un bon port à l'entrée de notre fleuve, celui d'amener les bâtiments jusque dans notre port, devait appeler notre attention sur la création d'un canal capable de les recevoir.

» N'ayant pas à nous préoccuper de la question d'art, et laissant aux hommes spéciaux à se prononcer, nous avons dû n'examiner cette question qu'au point de vue de l'intérêt commercial ; réduite à ces termes, elle ne pouvait faire de doute. Les difficultés d'argent ne nous ont pas non plus paru de nature à faire repousser cette importante création. Le gouvernement, en accordant au Havre, à Bordeaux, à Marseille, de riches allocations, a donné au port de Nantes le droit de réclamer les mêmes faveurs. Les témoignages de personnes compétentes nous ont d'ailleurs laissé espérer que les dépenses ne s'élèveraient pas au-dessus des allocations qu'il était rationnel de demander.

« En présence de ces considérations, la Chambre s'est fait un devoir de solliciter la création d'un canal maritime, sans subordonner cette demande à celle de la construction du bassin. »

Le bassin à flot de Saint-Nazaire a été ouvert à la navigation au mois de novembre 1856.

Au mois d'octobre 1860, M. le Préfet de la Loire-Inférieure demanda l'avis de la Chambre de Commerce sur l'avant-projet de construction d'un second bassin dans l'anse de Penhouet. Cet avis fut favorable, mais il est essentiel de constater qu'ici l'initiative ne vint pas de la Chambre de Commerce, ni de la ville de Nantes.

II.

Si nous reprenions l'historique de la création du chemin de fer de Nantes à Saint-Nazaire, comme nous venons de le faire pour la création du bassin à flot, nous trouverions à chaque pas la confirmation du même fait, à savoir que, si le chemin de fer était destiné, lui aussi, à procurer au commerce de Nantes 'es facilités nouvelles, il n'était, pas plus que ssin, le dernier mot du problème dont n est pour notre ville une question ou de décadence.

a
le bas
la solutio
de prospérité

Les documents que nous avons déjà cités montrent la Chambre de Commerce appelant, dès 1840, l'attention du gouvernement sur l'utilité de relier Nantes à Saint-Nazaire par une voie ferrée, mais ne voyant dans cette création que le corollaire d'un canal maritime latéral à la Basse-Loire.

A cette époque, la question du chemin de fer n'était pas mûre encore ; ce n'est que douze ans plus tard, en 1852, que la Chambre commença, avec des chances sérieuses de succès, des démarches en vue de l'obtenir. Or, dans l'*exposé* de ses travaux pendant cette année 1852, la Chambre, après avoir entretenu ses commettants de ses efforts en faveur du chemin de fer de Saint-Nazaire, continue ainsi : « Cette question du chemin de Saint-Nazaire nous ramène naturellement à la question de l'amélioration de la Loire, amélioration à laquelle notre ville attache avec raison la plus haute importance. — On se méprendrait étrangement si on pensait que la Chambre de Commerce, en sollicitant avec instance la création du chemin de Saint-Nazaire, a entendu y subordonner les travaux d'amélioration du fleuve.... Par ses votes, par ses incessantes réclamations, la Chambre de Commerce a montré le prix qu'elle attache à l'amélioration de la Loire ; elle s'est, dans toutes les occasions, efforcée d'en faire comprendre l'importance pour la prospérité de notre port et de notre ville. »

III.

Ces textes nous ont paru utiles à reproduire : ils mettent hors de toute contestation ce point capital, que jamais le bassin à flot et le chemin de fer de Saint-Nazaire n'ont été considérés comme devant remplacer la voie maritime, qui seule peut conserver à Nantes son caractère de grand port et sauvegarder son avenir.

Aussi, bien loin que l'ouverture du bassin à flot et celle du chemin de fer aient arrêté les demandes en faveur d'une voie navigable profonde entre Nantes et l'Océan, c'est précisément depuis cette double création qu'elles ont été formulées avec une énergie plus grande que jamais.

Le Conseil municipal, dans sa réunion du 15 novembre 1861, émit le vœu que l'on procédât sans retard aux études d'un projet de canal maritime; ce vœu a été renouvelé par lui deux fois, — et deux fois à l'unanimité, — dans ses séances des 19 août et 24 décembre 1864.

Le Conseil d'arrondissement de Nantes s'est prononcé pour l'étude et l'exécution d'un canal latéral de Nantes à Saint-Nazaire, dans sa session du mois de juillet 1862. Depuis cette époque ce vœu a été renouvelé cinq fois, dans les sessions de 1863, 1864, 1865, 1866 et 1867.

Le Conseil général de la Loire-Inférieure avait, dès 1850, émis le vœu que si, après un examen sérieux, il était reconnu que l'amé lioration de la Loire en elle-même ne pourrait pas avoir pour résultat de faire venir à Nantes les navires d'un fort tirant d'eau, de nouvelles études fussent entreprises pour la construction d'un canal maritime. — Dans la session de 1864 et dans toutes celles qui ont suivi, le Conseil général a demandé le canal maritime dans des termes de plus en plus pressants.

La Chambre de Commerce s'est tenue, il est vrai, pendant quelques années, à l'écart de ce mouvement. Cette réserve lui était imposée par les travaux qui s'exécutaient, sur sa demande, dans la Basse-Loire, entre Nantes et l'île Thérèse, en vertu du Décret impérial du 24 août 1859, et qui ont produit dans le fleuve une amélioration, réelle sans doute, mais partielle et insuffisante. A la fin de 1864, la Chambre de Commerce a donc dû revenir à la pensée du canal maritime ; heureuse, en abordant de nouveau cette question qui, depuis un demi-siècle, n'a cessé de la préoccuper, de se retrouver en parfaite communauté de vues avec le Conseil général de la Loire-Inférieure, le Conseil d'arrondissement et le Conseil municipal de Nantes et avec la population tout entière de notre ville.

Cette unanimité nous imposait des devoirs que nous nous sommes efforcés de remplir de notre mieux.

Au mois de janvier 1865, une délégation, composée de membres du Conseil municipal et de la Chambre, a eu l'honneur de soumettre à Son Exc. M. Béhic, ministre de l'agriculture, du commerce et des travaux publics, un *Mémoire* demandant que le gouvernement de l'Empereur voulût bien autoriser des études qui seraient exécutées sous la direction d'ingénieurs des ponts-et-chaussées, et qui auraient pour objet de déterminer les meilleures conditions possibles de l'établissement d'un canal de Nantes à la mer et les dépenses qu'entraînerait cet établissement.

Dans l'audience qu'il accorda à nos délégués, le 5 janvier 1865, M. Béhic leur fit connaître qu'il ne s'opposerait pas à ce que la Chambre de Commerce fit procéder à ces études sous sa responsabilité; il leur promit qu'il autoriserait l'ingénieur que la Chambre lui désignerait et qui en ferait la demande, à se mettre à sa disposition, et il exprima le désir que les études fussent faites, dans toutes les directions, avec tout le soin possible, afin que la question pût recevoir une solution définitive.

La veille même de cette audience, le 4 janvier, M. le Préfet de la Loire-Inférieure avait accordé à M. P.-B. Goullin, président du Tribunal de Commerce et aux autres personnes qui s'étaient réunies à lui pour en faire la demande, l'autorisation de former un comité ayant pouvoir de recueillir des souscriptions destinées à former un fonds commun pour les études.

La ville de Nantes a répondu à l'appel du comité avec le plus vif empressement. Le chiffre des souscripteurs ne fut pas moindre de 8,700, et, en peu de jours, le montant des sommes souscrites s'éleva à 94,144 fr. 60, auxquels est venue s'ajouter, en 1866, nne somme de 45,000 fr. que M. le Ministre de l'agriculture, du commerce et des travaux publics nous a accordée avec une bienveillance dont nous lui sommes profondément reconnaissants.

Le service des études put être organisé dès les premiers mois de 1865.

M. Émile Carlier, ingénieur des ponts-et-chaussées, quittant à cet effet le service de l'arrondissement du Havre et de Fécamp et de Saint-Valéry-en-Caux, fut autorisé par M. le ministre à se charger des études pour le compte de la Chambre de Commerce.

M. Jacquet, déjà honorablement remarqué pour des travaux spéciaux, fut choisi pour remplir, sous la direction de M. Carlier, les fonctions de chef des études.

M. A. Plocq, ingénieur de première classe, chargé du service des ports, phares et balises du Nord, accepta de prêter aux travaux son concours d'avis et de conseils, avec voyages sur les lieux toutes les fois que cela serait nécessaire. Cette mission de conseil fut autorisée par M. le ministre de l'agriculture, du commerce et des travaux publics.

Le 15 juin 1867, M. l'ingénieur Carlier a déposé entre les mains de la Chambre de Commerce son rapport, dont voici les conclusions :

« Il existe un moyen pratique de relier Nantes à l'Océan par une voie navigable donnant 6m00 de tirant d'eau en hautes mers; ces conditions de tirant d'eau se trouvent sensiblement réalisées dans la partie purement maritime du fleuve, limitée en amont vers le travers de Paimbœuf; la réalisation de conditions analogues dans la partie endiguée peut être attendue de travaux complémentaires à l'exécution des digues, n'entraînant pas une dépense considérable. La jonction des deux parties et le complément de la solution du problème peuvent être obtenus au moyen d'un tronçon de canal établi sur la rive droite, moyennant une dépense de 22 millions, et susceptible d'être prolongée ultérieurement, suivant les éventualités, en amont jusqu'au port de Nantes, en aval jusqu'à la rade de Saint-Nazaire. Il y a donc lieu, suivant nous, de solliciter l'exécution d'expériences de dragage de la partie endiguée de la Loire, dans le but d'obtenir un tirant d'eau de 6m00 en hautes mers de vives eaux ordinaires, et d'aviser aux voies et moyens d'exécution de la section intermédiaire du canal de la rive droite entre Couëron et la Jalais, telle qu'elle résulte du projet compris dans la présente étude. »

Ces conclusions, la Chambre de Commerce les adopte complètement; elle y voit la solution de cette question qui, écartée pendant si longtemps, étouffée sous le poids d'une dépense imaginaire de 80, de 100, de 120 millions et plus, est ramenée enfin à ses proportions véritables, et entre, à partir d'aujourd'hui, dans une voie pratique au bout de laquelle se trouveront, dans un avenir très-prochain, nous en sommes intimement persuadés, la réalisation et le succès.

Attendant avec confiance la décision de MM. les membres du Conseil général des ponts-et-chaussées sur le travail de MM. les ingénieurs Carlier et Plocq, nous nous attacherons seulement ici à indiquer les considérations économiques qui, au point de vue de notre navigation, comme à ceux du commerce, de l'industrie et de l'agriculture, au point de vue des intérêts de Nantes comme à celui des intérêts généraux du pays, réclament impérieusement l'exécution de dragages dans la partie endiguée de la Loire, afin d'obtenir un tirant d'eau de 6^{m}00 et l'exécution de la section intermédiaire du canal de la rive droite entre Couëron et la Jalais.

CHAPITRE II.

I.

« La ville de Nantes, placée comme le
» Havre, comme Bordeaux, comme Mar-
» seille, à l'extrémité d'une de ces riches
» vallées où vient presque toujours aboutir
» et se concentrer l'activité commerciale et
» industrielle des nations, assise sur un fleuve
» qui la met en communication avec l'Océan
» d'une part, et d'autre part avec le centre
» de la France et les principaux canaux qui
» la traversent, la ville de Nantes est deve-
» nue le siége d'un commerce important....
» Mais sa prospérité est véritablement retar-
» dée et menacée par un obstacle naturel de-
» vant lequel disparaîtraient, si l'on n'y por-
» tait remède, les avantages de son admira-
» ble position. » — C'est à un document officiel, à l'exposé des motifs de la loi du 19 juillet 1845 sur le bassin à flot de Saint-Nazaire que nous empruntons cette appréciation sur Nantes et *son admirable position;* M. le Ministre des travaux publics terminait en faisant observer que l'importance du vaste marché que Nantes dessert par la voie fluviale

rattache, par de nombreux et puissants intérêts, à la prospérité générale du pays, les intérêts *de cette grande cité.*

Nantes, en effet, est placée dans une situation vraiment exceptionnelle.

Du côté de la mer, avec Belle-Ile comme poste avancé et Saint-Nazaire comme avant-port, avec les facilités d'attérissage que présente notre côte, elle possède une des plus belles positions qui existent dans l'Océan-Atlantique. Le fleuve sur lequel elle est assise est le seul dont l'entrée, à l'époque de nos guerres maritimes soit toujours restée libre, malgré les croisières ennemies.

Au point de vue de ses relations avec l'intérieur, elle est plus favorisée encore.

Elle se trouve placée à ce point précis où la navigation de la Loire cesse d'être maritime pour devenir fluviale, à cet endroit même où le fleuve, par une largeur moindre qu'à son embouchure, permet à la ville de s'étendre sur ses deux rives, de les relier l'une à l'autre et de les faire participer ainsi à un même mouvement commercial.

En communication directe avec la Vendée, qui lui envoie ses céréales et ses bestiaux, elle est la capitale commerciale de la Bretagne, de cette province qui possède à elle seule la moitié des marins de l'Empire et qui lui fournit en abondance des bois, des toiles, etc. Elle est le débouché naturel du bassin de la Loire, de cette grande ligne de navigation intérieure qui relie Nantes avec Orléans et Paris, Lyon et la Méditerranée, Strasbourg et l'Allemagne.

Nous disions tout à l'heure que Nantes était la capitale commerciale de la Bretagne ; ne pourrait-on pas dire plus justement encore que, placée entre le Nord et le Midi de la France, dans une région moyenne d'où elle peut, avec une égale facilité, recevoir les produits variés de son double climat et transmettre, sur tous les points de l'Empire, les marchandises réunies dans ses entrepôts, elle paraît désignée pour être la capitale commerciale du plus vaste et du plus fertile bassin de notre pays ?

Aux avantages de la position privilégiée qu'elle tient de la nature, sont venues s'ajouter les relations, les ressources et les créations de tous genres dues à l'initiative des hommes et aux efforts successifs des générations.

Nantes est en possession de recevoir depuis longtemps la plus grande partie des sucres de l'île de la Réunion, où elle envoie des mules et mulets pour les travaux des habitations, des chevaux, des conserves alimentaires, des salaisons, des planches, de la chaux, des cuirs et les produits de l'industrie parisienne.

Ses relations avec les Antilles, pour être moins florissantes qu'au XVIIIe siècle, à l'époque où la France possédait Saint-Domingue, ont cependant une grande activité : elle reçoit de la Guadeloupe et de la Martinique des sucres, du café, du tafia, des peaux vertes et sèches ; elle y expédie surtout des mules comme à la Réunion, des ardoises, des briques, des feuillards, des savons, du beurre salé, des peaux préparées, des viandes salées, etc.

Elle entretient des rapports suivis avec la côte occidentale d'Afrique, avec Maurice, Mayotte et Nossi-Bé, les Indes anglaises, le Brésil et la Plata, la Havane et Haïti.

En 1866, les navires de Nantes ont porté notre pavillon, en dehors des colonies françaises : à Sierra-Leone, dans la Gambie et le Congo, à Maurice, à Calcutta, à Colombo, Palo-Penang, Singapoor, Siam, Sydney, Melbourne, au Para, au Brésil, à Montevidéo, au Callao, à Haïti, à la Havane, à Trinidad et à Porto-Rico.

L'importation des houilles et des fontes anglaises, et l'exportation des céréales donnent lieu, entre Nantes et le Nord de l'Europe, à un mouvement de navigation considérable ; nos navires caboteurs importent aussi, en fortes quantités, de la Suède et de la Norwège, des fers et des bois de construction.

Grand port maritime, Nantes est en même temps un grand centre industriel et commercial.

Le raffinage des sucres, la construction des navires, les différentes branches des travaux métallurgiques, la fabrication des conserves alimentaires, la savonnerie et l'huilerie, la plomberie, la tannerie et la corroirie, la fabrication des chaussures d'exportation, la rizerie, la construction des machines marines, agricoles et industrielles, etc., sont autant d'industries qui ont prospéré sur notre place et dont plusieurs ont acquis un développement exceptionnel.

Ne pouvant ici entrer dans les détails, contentons-nous de rappeler que Nantes est le premier marché de France pour les sucres et pour les conserves alimentaires, et le premier marché de nos côtes de l'Océan pour les farines et les céréales.

Nous sera-t-il permis d'ajouter, à la suite de ces indications rapides, que Nantes doit, en outre, à la solidité de ses maisons, à la sûreté de ses affaires, une vieille réputation de haute probité et d'honneur commercial qui est une force et une richesse, la meilleure de toutes les forces, la plus précieuse de toutes les richesses ?

Et cependant, malgré tous ces avantages, en dépit de cette *situation admirable*, qui est l'œuvre de la nature, et que l'œuvre des siècles est venue compléter, l'avenir de Nantes est compromis. Elle porte en elle un germe de décadence et de ruine ; si elle n'est pas reliée à l'Océan par une voie navigable profonde, elle est menacée de perdre sa qualité de port maritime, de voir s'éloigner ses principales industries, de cesser d'être un grand marché, le grand centre commercial de la Bretagne, de la Vendée et de tout le bassin de la Loire.

Parcourons successivement ces différents points.

II.

Nantes, nous l'avons déjà dit, et nous ne craindrons pas de le répéter, car c'est là pour nous le point capital de la question, celui auquel peuvent se ramener tous les autres, Nantes est avant tout un *port maritime*. Cette qualité à laquelle notre ville a dû sa grandeur dans le passé, doit lui être maintenue dans le présent et assurée dans l'avenir. Ainsi l'a bien compris le gouvernement qui, lors de la création du bassin à flot de Saint-Nazaire, dans l'*exposé des motifs* du projet de loi, a eu soin de bien préciser que le bassin ne devait être *qu'un annexe du port de Nantes*; que l'*amélioration du port de Saint-Nazaire* avait pour objet de *procurer au port de Nantes les facilités que réclamait depuis longtemps le commerce de cette importante cité.*

On objecterait vainement que Nantes est condamnée à perdre son commerce d'armements maritimes, par ce fait seul qu'au lieu d'être située sur le bord même de l'Océan, elle en est éloignée de 60 kilomètres environ. Il est remarquable, au contraire, que la plupart des grandes citées maritimes et commerciales sont placées, non aux embouchures des fleuves, mais à une certaine distance, et généralement au point intermédiaire entre la partie maritime et la partie fluviale, à ce point de jonction où doit finir la *navigation maritime* et commencer la *navigation fluviale.*

Nous citerons, seulement en Europe :

Sur l'Oder	Stettin.
Sur la Trave	Lubeck.
Sur l'Elbe	Hambourg.
Sur le Weser	Brême.
Sur l'Escaut.	Anvers.
Sur la Meuse	Rotterdam.
Sur la Tamise	Londres.
Sur la Tyne.	Newcastle.
Sur l'Avon	Bristol.
Sur le Shannon . . .	Limerick.
Sur la Clyde.	Glasgow.
Sur la Garonne. . . .	Bordeaux.

La position de Glasgow, en particulier, présente avec celle de Nantes une remarquable analogie.

Glasgow est placé, lui aussi, dans l'intérieur des terres, à plus de 40 kilomètres de la mer. La navigation maritime sur la Clyde finit au pont de Glasgow, comme la navigation maritime sur la Loire finit aux ponts de Nantes. Glasgow est relié avec Greenock, comme Nantes avec Saint-Nazaire, par une double voie, par un fleuve et par un chemin de fer, et à Greenock il y a un bon port, comme à Saint-Nazaire. La Clyde n'en a pas moins été creusée de façon à avoir un tirant d'eau de 6 à 7 mètres. Ces travaux ont entraîné une dépense de près de cent millions, qui n'a pas été jugée hors de proportion avec les résultats que l'on avait en vue et qui ont répondu, et au-delà, à l'attente de la ville de Glascow; grâce à ses travaux, en effet, Glasgow est resté un grand port, et sa prospérité n'a fait que grandir.

Sa population s'est accrue de 143,000 âmes en quinze ans; de 1851 à 1866, elle s'est élevée du chiffre de 360,000 à celui de 503,000 âmes. Son port, qui possédait, en 1851, 80 steamers jaugeant 19,231 tonneaux, en comptait, en 1866, 271 jaugeant 98,920 tonneaux; sa marine à vapeur a donc plus que quintuplé en quinze ans. Sa marine à voiles a augmenté également dans une proportion remarquable : De 1858 à 1866, elle s'est élevée du chiffre de 458 navires jaugeant ensemble 162,355 tonneaux, à celui de 536 voiliers d'une capacité totale de 233,433 tonneaux, gagnant ainsi, en huit ans, 71,078 tonneaux.

Au 31 décembre 1866, l'effectif total des navires attachés au port de Glasgow, était de :

807 navires jaugeant 332,353 tonneaux.

Si des résultats aussi extraordinaires, dûs à un ensemble de causes dont plusieurs ne se rencontrent pas chez nous, ne sauraient être espérés à Nantes, il n'est douteux pour personne que la jonction de Nantes à la mer par une voie navigable profonde aurait pour effet d'assurer à notre ville un développement qui, pour être moins prodigieux que celui de Glasgow, serait cependant considérable.

Au 1er janvier 1867, le nombre des navires attachés à notre port, était de 657 jaugeant 113,232 tonneaux.

Si nous rapprochons ces chiffres de ceux des autres ports de France, tels que nous les trouvons dans le dernier volume du commerce général (arrêté au 31 décembre 1865), nous voyons que Nantes occupe le deuxième rang par le nombre de ses navires et le troisième par le chiffre du tonnage.

1 janvier 1866			
Marseille	possédait,	798 nav.	158,535 ton.
Nantes	—	649 —	112,307
Bordeaux	—	444 —	133,159
Le Havre	—	370 —	112,301

L'effectif total de notre marine marchande étant, à la même date, de 14,814 navires et de 996,345 tonneaux, il en résulte que le tonnage des navires, attachés au port de Nantes, représente à peu près le neuvième du tonnage de la marine commerciale de la France.

C'est cette situation qu'il importe de conserver ou plutôt d'améliorer et d'agrandir, car, en pareil cas, il est difficile de rester longtemps stationnaire, et qui ne prospère plus est bien près de déchoir.

Et comment pourrions-nous espérer d'échapper à cette déchéance, si notre port n'est pas mis en communication directe avec la mer par une voie navigable profonde?

Jusqu'à présent, le manque de profondeur de la Loire n'avait guère obligé que les navires long-courriers à s'arrêter au bas du fleuve. Mais le cabotage à voiles est destiné, peut-être dans un avenir prochain, à être remplacé par le cabotage à vapeur. Cette pré-

vision est en harmonie avec celle dont M. le Ministre du Commerce et des Travaux publics nous a fait l'honneur de nous entretenir dans sa circulaire du 26 novembre 1866, où il nous invite à appeler l'attention de ceux des négociants de notre place qui arment des caboteurs pour le transport des houilles d'Angleterre en France, sur l'urgence qu'il y a pour eux à *remplacer les bâtiments à voiles par des bâtiments à vapeur du plus fort tonnage.* « Ce n'est pas, ajoutait Son Excellen-
» ce., sans accomplir de coûteux sacrifices
» que nos fabriques sont parvenues à renou-
» veler leur outillage et à se mettre au niveau
» des procédés les plus avancés. La nécessité
» du progrès impose ajourd'hui à notre ma-
» rine une loi non moins impérieuse, mais
» qui est en même temps la condition de son
» avenir et de son salut. » Le 19 janvier 1867, M. le Ministre nous a transmis l'extrait d'un rapport où M. le Vice-Consul de France, à Edimbourg, s'attache à démontrer que « si
» le cabotage veut prolonger la lutte qu'il sou-
» tient si péniblement contre la navigation à
» vapeur, il faut qu'il se décide à augmenter,
» dans une mesure sensible, l'échantillon des
» navires qu'il emploie dans les mers du
» Nord. »

Lorsque cette transformation inévitable se sera accomplie, les nouveaux caboteurs, tous d'un tonnage élevé, s'arrêteront, eux aussi, à l'embouchure du fleuve. Nantes, ce jour-là, ne sera plus même un port de cabotage.

Répondra-t-on que par là, la prospérité de la ville de Nantes ne sera atteinte que dans une faible mesure ; que, sans doute, les navires remonteront de moins en moins à ses quais, mais que, si son port devient désert, son mouvement commercial n'en sera pas moins actif ; qu'elle conservera toutes les maisons d'armement et que c'est dans ces maisons, dans le comptoir du négociant, et non dans son navire, que réside véritablement la puissance d'une place de commerce.

Ce sont là, dans notre conviction la plus profonde, des illusions et des illusions dangereuses.

Un armement, — nous avons déjà eu occasion de le dire dans notre *Mémoire* du 27 décembre 1864, — se compose d'une infinité de détails dont les plus petits ont souvent une importance réelle. Pour qu'il soit fait avec soin en même temps qu'avec économie (et désormais, sous l'empire de la loi du 19 mai 1866 qui abolit droits de tonnage et surtaxes de pavillon, l'économie est plus que jamais essentielle), il y faut une surveillance de tous les instants, il y faut l'œil du maître. Les travaux de radoub et de réparations majeures exigent de plus, pour être exécutées le plus économiquement et le plus rapidement possible, l'emploi de ressources qu'on ne trouve guère qu'aux chantiers mêmes affectés à la construction ; aussi assistons-nous souvent à ce spectacle singulier de navires obligés par leur tirant d'eau de transborder à Saint-Nazaire leurs cargaisons ; puis, remontant le fleuve à vide pour venir se faire réparer à Nantes, en vue des quais où s'opère le pesage ou le classement de leurs marchandises, en vue des entrepôts qui les reçoivent. S'il s'agit de réparations importantes à un navire en fer ou à la machine d'un navire à vapeur, il n'y a pas à choisir : c'est à Nantes seulement qu'on trouve des ateliers suffisamment pourvus et organisés pour les effectuer dans des conditions acceptables.

Les intérêts de l'armateur, conformes à ceux du commerce, nous le verrons plus loin, exigent donc qu'il ait autant que possible son navire à Nantes, et la preuve la plus visible en est dans ce mouvement annuel de trois à quatre mille navires qui, malgré le régime défectueux de la Loire, malgré le jeu des tarifs spéciaux du chemin de fer, persistent à remonter à nos quais, utilisant parfois jusqu'aux derniers centimètres du tirant d'eau que leur permet l'état du fleuve.

A toutes ces considérations, il faut en ajouter une autre, celle qui naît des règles de compétence administrative ou judiciaire, règles qui permettent à l'armateur de trancher vite et sans frais toute contestation si son navire est venu opérer à Nantes, mais qui, dans le cas contraire, l'envoient réclamer dans des bureaux à Saint-Nazaire ou comparaître devant le tribunal de Savenay, le jour même où d'autres affaires peuvent exiger sa présence à Nantes.

On le voit, ce n'est qu'au détriment de ses intérêts que l'armateur peut rester séparé de son navire ; et cependant si Nantes n'est pas reliée à la mer par une voie profonde, cette séparation deviendra le fait normal, elle deviendra la règle. Quelles en seront les conséquences? La force des choses ne conduira-t-elle pas à ce résultat que beaucoup d'armateurs renonceront à continuer les affaires dans des conditions aussi désavantageuses : les uns, les plus riches peut-être, laisseront leurs maisons s'éteindre ; d'autres transporteront la leur dans d'autres ports, à Saint-Nazaire, au Havre, etc. De là, non une translation pure et simple des affaires de Nantes à Saint-Nazaire, mais une division et, par suite, un amoindrissement de la fortune publique ; des relations considérables et qui font partie de la richesse nationale, qui disparaîtront ; une grande cité maritime qui s'affaissera sans être remplacée ; enfin, un grand marché commercial et industriel qui cessera d'exister, sans que, pour cela, l'on voie s'en élever à côté un autre qui en puisse tenir lieu.

Les choses heureusement n'en sont pas à ce point. Un pareil désastre qui ne pèserait pas seulement sur notre ville, mais qui, en frappant un des principaux centres commerciaux de l'Empire, atteindrait le pays tout entier, peut être facilement conjuré : il le sera. Nous en avons pour garant la sollicitude éclairée du gouvernement de l'Empereur.

III.

Nécessaire pour sauvegarder la position de Nantes comme port d'armements maritimes, le Canal de la Basse-Loire l'est également pour maintenir à notre ville son caractère de grand centre industriel et en assurer le développement.

La plus importante de nos industries, par les capitaux qu'elle met en mouvement, est celle du raffinage du sucre; dans la période de 1857 à 1866, la moyenne de production de nos usines a été de 51,749,756 kil., dont 7,427,616 kil. en moyenne pour l'exportation. Ces placements à l'étranger seraient certainement plus considérables et plus suivis si les acheteurs du dehors pouvaient s'approvisionner souvent et par petites quantités. Mais, obligés d'acheter à chaque fois le chargement d'un navire, ils ne s'y décident pas facilement; il leur faut de grands écarts dans les prix; autrement ils portent leurs commandes en Hollande ou au Havre, où des lignes fréquentes et régulières de navigation à vapeur permettent de diviser les envois. Or, l'obstacle qui s'oppose chez nous à l'établissement de ces services réguliers, ce n'est point le défaut d'aliment, mais le régime inégal de la Loire qui, même au faible tirant d'eau de 3m50 à 4m, ne leur permet de disposer chaque quinzaine que de cinq à six jours pour monter à Nantes et redescendre. Si le moindre incident se produit, s'il survient le moindre retard dans l'expédition, c'est une perte de dix jours, ruineuse pour un navire à vapeur dont les frais journaliers sont considérables. Aussi les essais tentés n'ont-ils pu réussir.

Ce que nous disons pour la raffinerie est également vrai pour les fabriques de conserves alimentaires, pour la rizerie, pour les huileries qui expédient des tourteaux en Angleterre, pour les fabriques diverses qu'intéresse le mouvement d'importation ou d'exportation.

L'une de nos principales industries, celle à coup sûr qui occupe le premier rang par le nombre des industries secondaires qui s'y rattachent, est celle des constructions navales.

Pendant quelques années, Nantes a marché, à cet égard, à la tête de tous les ports français; nous avons vu nos chantiers construire, non-seulement pour les besoins de notre navigation, mais encore pour ceux de maisons étrangères à notre place et pleines d'une juste confiance dans le talent de nos constructeurs. Le gouvernement français et plusieurs gouvernements étrangers les ont chargés d'exécuter des bâtiments de guerre, frégates cuirassées, etc. Pourra-t-il continuer à en être ainsi, si l'état de choses actuel n'est pas modifié?

Depuis quelque temps, le tonnage moyen des navires du commerce a augmenté d'une manière notable, et ce mouvement de transformation de notre matériel naval va être encore accéléré par la loi du 19 mai 1866 sur la marine marchande ; nos armateurs ont dû se préoccuper plus que par le passé, des causes de la supériorité des marines anglaise et américaine, et reconnaître que l'une de ces causes se trouvait dans l'emploi de navires d'un plus fort tonnage. De là pour eux l'obligation de s'en rapprocher de plus en plus.

Et ce n'est pas seulement pour la navigation au long cours qu'il devient indispensable d'augmenter les dimensions de nos navires; cette nécessité n'est pas moins impérieuse pour notre navigation au cabotage : On l'a vu plus haut par les documents que nous avons cités.

La conséquence de ces faits sort d'elle-même ; si le tirant d'eau de la voie navigable entre Nantes et la mer, aujourd'hui limité à 3 mètres 50 ou 4 mètres, en pleine mer de vive eau, n'est pas mis en rapport avec l'augmentation croissante du tonnage ; si les difficultés et les risques de la descente, les dépenses de l'armement à Saint-Nazaire, les frais qu'entraîne le déplacement des ouvriers envoyés, pour faire cette opération, de Nantes à Saint-Nazaire, continuent à grever les constructions faites sur nos chantiers, ils ne pourront pas soutenir la concurrence de leurs rivaux, soit français, soit étrangers, la loi du 19 mai 1866 admettant les coques de navires en bois ou en fer à la francisation moyennant le paiement d'un droit de 2 fr. seulement par tonneau de jauge.

Nous venons de parler des difficultés et des risques de la descente : Comment nos constructeurs pourraeint-ils oublier que les grands navires faits à Nantes, — notamment le *Jacquart, le François Arago, la Seine, la Sèvre, l'Allier, la Mayenne, le François I, le Charles-Martel, le Saint-Louis, le Castelfidardo, le Sanghaï, le San-Francisco*, — n'ont pu y être armés ni y recevoir leurs machines ; que la plupart de ces navires n'ont pu descendre qu'à l'aide de flotteurs et d'engins artificiels qui augmentent encore les frais dans une proportion énorme ? Comment, s'il n'est pas porté remède à la situation actuelle, pourraient-ils compter sur de nouvelles commandes de cette importance, les mieux payées cependant, et, par suite, celles qui permettent de donncr aux ouvriers des salaires plus élevés, de former et de conserver, d'un bout de l'année à l'autre, des équipes de premier ordre?

Il faut donc le reconnaître, si nos constructeurs ne doivent pas voir tomber la barrière qui leur ferme aujourd'hui le chemin; s'ils ne sont pas placés, par la création d'une voie navigable profonde, dans des conditions qui leur permettent de lutter avec succès, ils seront forcément conduits à transporter leurs chantiers à Saint-Nazaire.

Un pareil déplacement serait d'autant plus grave, qu'il ne resterait pas isolé. Les industries qui se rattachent à celles des constructions navales ne pourraient pas même songer à rester à Nantes du moment que nos chantiers n'y seraient plus, et ces industries sont aussi nombreuses qu'intéressantes. Ce sont celles des voiliers, des cordiers, des gréeurs, des menuisiers, poulieurs, forgerons et fondeurs pour la marine. Cette simple énumération ne suffit-elle pas pour montrer que la translation à Saint-Nazaire de nos chantiers de constructions entraînerait pour la ville de Nantes la perte d'une portion notable de sa population? Nous ne croyons pas faire une évaluation exagérée en estimant cette perte à dix mille habitants au moins.

A ceux qui diraient qu'après tout c'est là une questiou purement locale, et qu'au fond il importe assez peu que les chantiers de constructions navales soient à Nantes ou à

Saint-Nazaire, nous répondrons qu'il est de l'intérêt général du pays, surtout depuis la loi du 19 mai 1866, que ces chantiers soient établis là où ils trouveront réunis le plus de facilités et le plus d'avantages ; là où ils seront, par suite, le mieux armés pour soutenir la rivalité des chantiers étrangers et assurer la prééminence de l'industrie nationale.

Or, il est certain que sous ce rapport, aucun point du littoral ne saurait être mis en comparaison avec Nantes. La disposition de ses îles, sur les rives desquelles les chantiers peuvent s'étendre en liberté ; la facilité avec laquelle lui arrivent les toiles et les chanvres de la Bretagne et de l'Anjou, les fers de nos forges à l'intérieur ; l'existence dans notre ville même de nombreux établissements métallurgiques ; le voisinage de l'établissement d'Indret, qui attire et forme un si grand nombre d'ouvriers, sont autant de raisons qui font de Nantes, au point de vue des constructions navales, une ville privilégiée. Ajoutons que les bois de la Bretagne, de la Vendée et de la Haute-Loire y sont amenés dans des conditions excellentes, si bien que nos autres grands ports de constructions, le Havre et Bordeaux, et l'étranger même viennent fréquemment en acheter sur notre place.

A toutes ces raisons, il convient d'en ajouter une autre.

Il est remarquable que presque partout les chantiers de construction véritablement importants se rencontrent, non dans les petites localités maritimes où la main-d'œuvre semblerait devoir être moins chère, mais dans les grandes villes industrielles et commerciales. Et ce n'est pas sans motif. On comprend, en effet, qu'il ne soit pas indifférent pour les constructeurs de s'établir là où ils seront en contact journalier avec les armateurs qui font les commandes. D'autre part, c'est un principe confirmé chaque jour par l'expérience, que toutes les industries s'entr'aident et sont solidaires les unes des autres; nos constructeurs, à côté des ouvriers spéciaux, attachés d'une manière permanente à leurs chantiers, ont continuellement besoin d'employer des manœuvres; ils les prennent sortant des raffineries, des fonderies, des corderies et de tous autres établissements industriels de la ville. Tous y gagnent : l'ouvrier qui échappe ainsi à la plaie du chômage; le constructeur qui trouve toujours facilement les bras qui lui sont nécessaires.

Rien de tout cela ne se rencontre ni à Saint-Nazaire, ni dans les autres villes du littoral de l'Océan, et cependant nous le répétons, nos constructeurs seront obligés d'y transporter leurs chantiers si l'on ne fait pas disparaître, par la création d'une voie navigable profonde, l'obstacle devant lequel s'effacent et s'effaceront chaque jour, de plus en plus, les avantages que nous avons énumérés; ils seront obligés de le faire, au grand détriment, nous venons de le voir, de l'intérêt général du pays.

IV.

Cet intérêt général nous apparaît encore intimement lié à l'œuvre dont nous demandons l'accomplissement, quand nous nous plaçons, non plus au point de vue des entreprises maritimes ou industrielles de la ville, mais à un point de vue plus large, celui du commerce général et de l'agriculture en temps de paix, celui de la conservation de leurs richesses en temps de guerre.

Nantes, on le sait, est le plus important des marchés de céréales que la France possède sur les côtes de l'Océan; en 1865, l'exportation s'y est élevée à 151,125,760 kil.; en 1866, à 140,859,335 kil.

Les grains et farines arrivent à Nantes, non-seulement par le chemin de fer, lequel à certaines époques serait promptement encombré et hors d'état de suffire aux exigences du trafic, mais surtout par la navigation du haut de la Loire et ses affluents, qui donne au commerce une grande économie et de nombreuses facilités; les routes de terre qui, des deux rives du fleuve convergent à Nantes, apportent aussi leur contingent. Une fois arrivées dans notre port, ces marchandises sont immédiatement embarquées; les bateaux plats, venus de l'intérieur, se mettent en couple des navires et transbordent leurs chargements sur les eaux mêmes de la Loire. Mais si les navires, au lieu de remonter jusqu'à Nantes, ont été obligés par leur tirant d'eau de stationner à l'embouchure, alors tout se complique. Ni les bateaux de l'intérieur, ni leurs équipages ne sont aptes à continuer le voyage dans la partie maritime de la Loire. Il faut recourir, soit au chemin de fer, soit aux allèges solidement pontées de la Basse-Loire, ce qui entraîne des retards et des faux frais de transbordement, sans compter le déchet, sans compter les menues avaries non couvertes par l'assurance et à peu près inévitables dans la saison d'hiver où s'effectue la majeure partie du commerce d'exportation. Nous venons de parler des assurances : la prime sur les céréales, par allèges choisies, est de 50 centimes par 100 francs pour le trajet de Nantes à Saint-Nazaire, tandis qu'elle est nulle ou se confond sans augmentation avec la prime du voyage de mer, si le navire est chargé à Nantes. Pour simplifier ses opérations et ne pas les surcharger de frais, le commerce est donc obligé de rechercher des navires d'un tonnage restreint qui puissent accoster nos quais et se mettre en contact avec les bateaux de l'intérieur; et, les vapeurs se prêtant mal, comme nous l'avons vu, au régime de la Loire et à cette obligation d'arriver et de partir aux syzygies, c'est en définitive à des navires à voiles de petit tonnage que le commerce est presque toujours obligé de recourir, laissant forcément et sciemment de côté des instruments de transport qui seraient souvent préférables. Une fois chargés, les navires doivent attendre les fortes marées; de là, des pertes de temps et d'intérêts sur la marchandise, des détériorations sur la qualité. Pour n'en citer qu'un ou deux exemples, la majeure partie des orges que nous envoyons en Angleterre est destinée à la brasserie; les acheteurs ont hâte de recevoir le plus promptement possible des cargaisons dont la moindre avarie compromet l'utilisation, et cependant, faute d'eau suffisante en Loire, les navires perdent quelquefois une dizaine de jours. Les acheteurs le savent et donnent la préférence aux orges d'Allemagne, qui trouvent à Hambourg des moyens d'expédition plus réguliers et plus rapides. — L'hiver dernier, de grandes quantités de blé noir ont été expédiées à destination des pays du Nord et spécialement de la Hollande; mais la récolte s'en était faite par un temps pluvieux; il aurait fallu expédier promptement, naviguer vite. Beaucoup de navires, chargés dans les conditions défectueuses que nous venons d'indiquer, ont livré leurs chargements échauffés; d'autres ont dû relâcher sur leur route, débarquer leurs chargements en pleine fermentation : autant de valeurs détruites, autant d'acheteurs découragés pour une prochaine campagne.

D'autres inconvénients naissent de cette obligation où sont nos caboteurs de ne partir qu'à des époques déterminées, aux époques des syzygies : il en résulte, en effet, souvent de l'encombrement au port de déchargement; ces arrivages simultanés produisent de la baisse et sont une source de perte pour le détenteur. Avec un mouvement d'exportation continuel et régulier, ces fluctuations dangereuses ne seraient plus à redouter.

L'affranchissement de ces causes multiples de pertes et d'ennuis permettrait à l'acheteur de payer au producteur un prix plus élevé de toute la différence représentée par les inconvénients de l'état actuel. Les frais de remorquage et de pilotage en Loire, dont les tarifs sont aujourd'hni onéreux par suite de l'intermittence des mouvements de la navigation, pourraient être notablement réduits, et la charge insignifiante qu'ils feraient encore peser sur chaque voyage serait plus que compensée par l'avantage pour les navires d'être mis en rapport direct avec le marché commercial, avec les ateliers où se trouvent toutes les ressources désirables. Affranchis des retards et des frais qu'ils subissent aujourd'hui, les navires pourraient, certainement, accepter sans perte des conditions de fret plus modérées; l'expéditeur choisirait le navire petit ou grand, voilier ou vapeur, qui conviendrait le mieux à chaque opération. L'Angleterre porterait plus volontiers ses ordres d'achat sur notre bassin de la Loire : l'agriculture de plusieurs départements recueillerait ainsi les fruits du canal maritme de Nantes à l'Océan.

Les forges et hauts fourneaux de la Loire-Inférieure, si nombreux, il y a peu d'années, sont tous éteints à l'exception d'un seul, depuis le traité de commerce de 1860. Pour qu'ils puissent rallumer leur feux, il faut qu'ils reçoivent, au plus bas prix possible, les charbons anglais qui, mêlés à l'anthracite extrait des mines du pays, forment un coke excellent. Cette condition d'extrême bon marché ne sera remplie que lorsque la houille pourra être importée directement à Nantes par des steamers d'un fort tonnage.

Ici encore, c'est moins l'intérêt de Nantes que nous défendons que celui d'une industrie dont la disparition a été un malheur pour une partie de notre département et qui est en droit de se prévaloir de ces paroles de l'Empereur, dans son programme du 5 janvier 1860 : « Un des plus grands services à rendre au pays est de faciliter le transport des matières de première nécessité pour l'agriculture et l'industrie. A cet effet, le Ministre des travaux publics fera exécuter, le plus promptement possible, les voies de communication, **canaux**, routes et chemins de fer qui auront surtout pour but d'amener **la houille** et les engrais sur les lieux où les besoins de la production les réclament. »

Nous avons parlé des éventualités de guerre. N'est-il pas évident que si la longue paix dont nous avons joui venait à être troublée, les navires de commerce trouveraient à Nantes un refuge autrement assuré qu'à l'embouchure même de la Loire ; que leurs opérations s'y feraient relativement en sécurité, qu'ils y seraient, eux et leurs cargaisons, à l'abri d'un coup de main ? Nous sera-t-il permis d'ajouter que l'Etat lui-même pourrait utiliser ces eaux intérieures comme refuge des bâtiments légers et des transports de tonnage moyen qu'emploie la marine impériale; qu'il y gagnerait, en paix comme en guerre, pour l'exploitation de sa grande usine d'Indret? Sans doute les moyens d'action dont dispose cet établissement lui permettent de surmonter bien des obstacles ; mais une amélioration certaine ne serait-elle pas réalisée le jour où il serait en contact direct avec les navires de la marine militaire, au lieu de recourir, au bas de la rivière, à des transbordements onéreux ?

V.

Nous avons la confiance de ne pas déserter le terrain des intérêts vraiment généraux du pays, lorsque, nous plaçant d'une manière plus spéciale, au point de vue des intérêts urbains de Nantes, nous appelons la sollicitude du gouvernement sur les moyens de prévenir la déchéance qui la menace et qui est peut-être déjà commencée, si nous en jugeons par le tableau du dernier recensement.

Lors du recensement de 1861, Nantes occupait parmi les villes de France le sixième rang avec 113,625 habitants; celui de 1866 constate qu'elle ne compte plus que 111,956 habitants, et la fait descendre au septième rang. La différence entre les deux chiffres de 1861 à 1866 est sans doute peu considérable ; mais la diminution, pour être assez faible, n'en est pas moins significative. Elle s'est produite, en effet, pendant une période où nos grandes villes ont vu leur population s'accroître dans une proportion notable. Sans parler de Paris, nous voyons que, de 1861 à 1866, le chiffre des habitants s'est élevé : à Lyon, de 318,803 à 323,954; à Marseille, de

260,910 à 300,131; à Lille, de 131,827 à 154,749; à Bordeaux, de 162,750 à 194,241 (1); à Toulouse, de 113,229 à 126,936.

Ainsi, tandis que toutes les grandes villes de l'Empire continuent à progresser, Nantes commence à décroître. La brèche est faite aux murs de notre place; ne la laissons pas s'élargir. Puisque le mal est connu et qu'il se révèle par d'irrécusables symptômes, hâtons-nous d'y porter le remède qui seul peut prévenir un désastre. Comment donner un autre nom à la situation qui serait faite à Nantes le jour où elle verrait s'éloigner de ses murs quelques-unes de ses plus grandes industries, le jour surtout où elle cesserait d'être **port maritime?** La vie maritime, en se retirant, entraînerait avec elle la fortune même de la cité. La propriété foncière, qui représente dans notre ville une valeur que l'on peut évaluer à plusieurs centaines de millions, serait atteinte d'une dépréciation énorme. Les pertes éprouvées seraient incalculables.

Est-ce qu'une telle perte de richesses, ainsi que nous le faisions observer dans le *Mémoire* que nous avons eu l'honneur de remettre à M. le Ministre du commerce et des travaux publics, au mois de janvier 1865, est-ce qu'une telle perte de richesses se renfermerait dans l'enceinte de la ville qui serait frappée? La fortune de l'une des premières villes de l'Empire ne peut subir un pareil échec sans que la fortune publique n'en ressente, dans une cer-

(1) Y compris les 10,000 habitants des communes réunies à Bordeaux en 1864.

taine mesure, le contre-coup. Et qu'on ne dise pas que la richesse perdue à Nantes se trouvera compensée par la richesse créée à Saint-Nazaire. Toute richesse perdue demeure telle. D'ailleurs, si l'on admet que Saint-Nazaire doive devenir une grande cité commerciale et maritime au détriment de Nantes, n'est-on pas, par cela même, obligé d'admettre que l'Etat aurait des dépenses considérables à faire pour y compléter un réseau de routes, pour y créer à la fois des établissements publics en rapport avec l'importance qu'elle aurait acquise, et des fortifications suffisantes pour défendre en temps de guerre, contre un coup de main ou contre un bombardement, les richesses qui s'y seraient accumulées (1)? Croit-on qu'un seul chemin de fer suffirait longtemps, qu'on ne devrait pas étudier et construire de nouvelles lignes, creuser de nouveaux bassins, se résigner à un ensemble de travaux infiniment plus coûteux que ceux que nous sollicitons? Et en même temps que l'Etat serait entraîné à faire ces dépenses à Saint-Nazaire, il assisterait à Nantes au dépérissement de valeurs considérables, à la perte de tant de millions dépensés pour amener dans notre ville, par les routes, par les ca-

(1) Dans ces derniers temps, la valeur des marchandises déposées dans les seuls magasins de l'entrepôt réel de Nantes, a atteint 13 millions de francs. Les marchandises d'entrepôt réel ne sont que la moindre partie de la masse totale des existences, réparties pour le surplus dans les entrepôts fictifs, dans les magasins particuliers de la ville, dans les usines, sur les bateaux et navires en cours d'opération.

naux et les rivières, les produits de l'intérieur et les denrées étrangères et pour en faire un des **grands marchés** de France !

S'il est, pour un pays, un intérêt de premier ordre, c'est assurément de posséder de grands marchés, des centres d'importation et d'exportation, où les denrées de toutes provenances viennent aboutir pour de là rayonner vers les points les plus divers : A leur existence sont étroitement liés la prospérité et le développement de l'industrie nationale.

Laisser Nantes déchoir, ce serait perdre un de ces centres commerciaux sans être sûr de pouvoir le remplacer. Un *grand marché* ne s'improvise point ; il ne suffit pas, pour le créer, de faire des installations, si coûteuses et si complètes qu'elles soient. Nous pourrions en citer plus d'un exemple frappant ; ainsi la Rochelle, située dans un pays de production important, est reliée par des chemins de fer avec Paris et le midi de la France ; on y a exécuté à grands frais des bassins et des aménagements qui ne laissent rien à désirer : qu'elle a été le résultat dt tous ces efforts ? La Rochelle est-elle devenue, ou plutôt est-elle redevenue, car elle l'avait été autrefois, un grand centre commercial ? Saint-Malo, malgré ses nombreux armements ; Brest, malgré le port de commerce créé à grands frais et sa rade exceptionnelle, sont dans la même situation : on ne voit pas de marché commercial s'y former.

Entre Nantes, grand marché existant de

longue date, grâce aux efforts des générations qui se sont succédées depuis deux siècles, et Saint-Nazaire, marché à créer, le gouvernement pourrait-il hésiter ? Evidemment non. Le *centre commercial* doit être maintenu à Nantes à tout prix, d'abord parce que c'est là qu'il existe, ensuite parce que, au cas même où le choix serait libre et où il suffirait d'un acte de volonté souveraine pour le créer du jour au lendemain dans l'une ou l'autre de ces deux villes, c'est à Nantes qu'il devrait être placé.

Pour le prouver, nous ne reviendrons pas sur les avantages exceptionnels de la position de Nantes, sommairement indiqués en tête de ce chapitre ; nous ferons seulement remarquer que la navigation fluviale s'arrête à Nantes, que les bateaux qui font le service de la navigation intérieure ne peuvent descendre à Saint-Nazaire, et que, par conséquent, Nantes seule se trouve en communication immédiate et directe avec le bassin de la Loire et avec tout le réseau de notre navigation intérieure.

VI.

Ceci nous conduit au dernier point qu'il nous reste à traiter.

La Loire, lorsqu'elle sera entièrement canalisée formera la partie essentielle du système de navigation intérieure qui est appelé à développer si puissamment la prospérité générale du pays ; coulant au centre de la

France, elle est le lien commun de nos grandes lignes de communications fluviales.

A Briare et plus bas, au-dessus d'Orléans, la Loire communique avec les deux canaux d'Orléans et de Briare qui, réunis près de Montargis, empruntent le cours du Loing canalisé, et viennent aboutir dans la Seine à une faible distance de Paris.

Une seeonde voie de communication navigable entre la Loire et la Seine est établie par le canal du Nivernais qui commence à Decize, et, après avoir franchi les montagnes du Morvan, vient tomber à Auxerre dans l'Yonne, qui se jette elle-même dans la Seine.

Par le canal du Centre, la Loire est reliée avec la Saône et, par suite, avec le Rhône, qui la met en communication, d'une part, avec Lyon et le midi de la France; d'autre part, avec Strasbourg et l'Allemagne par le canal du Rhône au Rhin. L'Alsace et nos provinces de l'Est sont, en outre, reliées avec la Loire par le canal de la Marne au Rhin, par la Marne, la Seine et le canal du Loing

Mentionnons encore le canal du Berry, qui se rattache, au-dessous de Nevers, au canal latéral de la Loire de Roanne à Briare, et, après avoir remonté jusqu'à Montluçon, descend par les vallées de l'Auron et du Cher jusqu'à Tours, en coupant le vaste triangle que forme, entre Nevers et Tours, le cours de la Loire; — le réseau des canaux de Bretagne qui commencent à Nantes et par lesquels cette contrée est mise en communication avec la Loire et par la Loire avec le départements du Centre; — enfin, la Mayenne et la Sarthe, dont la canalisation sera bientôt entièrement terminée et permettra à la batellerie d'amener en grandes quantités sur notre marché des grains et des farines et de retourner chargée de houilles ou d'engrais.

On peut donc dire sans exagération que la Loire est véritablement la grande artère qui vivifie le cœur de la France; qu'elle unit l'Océan et la Méditerranée; qu'elle met Nantes en relations directes avec Orléans, Paris, Rouen, Lyon, Marseille et Strasbourg.

Malheureusement, la navigation de ce grand fleuve n'est pas encore assurée d'une manière complète et permanente. Dans la partie supérieure de son cours, le canal latéral de Roanne à Briare supplée à l'imperfection du lit du fleuve. De Briare à Orléans, la navigation peut employer soit la voie fluviale, soit le canal de Briare à Montargis et celui de Montargis à Orléans. Un projet de canal latéral d'Orléans à Angers et d'Angers à Nantes est à l'étude depuis plusieurs années et admis en principe par le gouvernement.

A ce grand travail de canalisation, il faut ajouter un complément; pour que le pays en retire tous les avantages que l'on est en droit d'en attendre, il faut le conduire jusqu'à la mer.

Les bateaux affectés à la navigation intérieure, sur le haut de la Loire, sur les rivières ou les canaux qui y aboutissent, ne peuvent pas être employés au-dessous de Nantes, sur la Loire maritime; les assurances ne les couvrent pas au-delà du canal de Buzay qui communique avec le lac de Grand Lieu; leurs chargements ne trouveraient que très difficilement, et dans des circonstances exceptionnelles, à se faire assurer jusqu'à Saint-Nazaire. Il est nécessaire, dès lors, qu'ils trouvent à Nantes les navires de tout tonnage, de manière que le transbordement des marchandises qu'ils apportent ne donne lieu qu'à une seule opération. Si ces marchandises doivent être placées soit à bord d'alléges, soit dans des wagons, pour être déchargées de nouveau à Saint-Nazaire et subir encore une autre manutention, il est certain que les résultats que le gouvernement s'est proposés, en faisant des sacrifices si considérables pour la navigation du bassin de la Loire, ne seront pas complétement atteints : ce grand travail demeurerait inachevé ; on s'arrêterait au moment même de toucher le but. Et cependant, cette jonction, elle est nécessaire, inévitable. Entre le réseau de navigation intérieure de la Loire et la navigation maritime, il faut un point de libre et facile contact. Si, contrairement à nos espérances, le mouvement maritime devait déserter le port de Nantes pour se fixer à Saint-Nazaire, nous avons la conviction que le prolongement de la ligne fluviale s'imposerait comme une des nécessités de l'avenir ; qu'un jour on serait obligé d'ouvrir un canal latéral de la Basse-Loire, moins large et moins profond sans doute que le canal maritime projeté, mais aussi allant déboucher jusque dans les eaux tranquilles des bassins de Saint-Nazaire, au lieu de s'ouvrir à Donges dans les eaux maritimes de la baie ; que la prévision de cette dépense peut et doit compter, dès à présent, dans la balance où vont se peser les destinées de Nantes. La solution que nous demandons, — plus simple et plus économique, nous l'avons déjà vu — c'est la solution inverse, celle qui a prévalu à l'embouchure du Rhône. Un décret du 9 mai 1863 a déclaré d'utilité publique l'exécution du canal maritime de Saint-Louis, destiné à faire pénétrer la grande navigation au-dessus de la barre du Rhône, en contact avec la batellerie. Ce qu'est la barre du Rhône à la navigation et au commerce de ce fleuve, c'est-à-dire un obstacle à tout progrès, à tout développement, la région des sables entre le Pellerin et Paimbœuf l'est à la navigation et au commerce de la Loire : ici, comme là-bas, jonction insuffisante du parcours fluvial avec les lignes de navigation extérieure, impossibilité de toute amélioration durable par voie de dragage ou d'endiguement, solution assurée du problème par la création d'une voie artificielle de navigation maritime — avec cette différence, toutefois, qu'au dessus du canal Saint-Louis se trouvent les marais de la Camargue et le petit port d'Arles, tandis que les travaux de la Basse-Loire assureront l'avenir d'une ville de cent dix mille âmes, centre d'affaires importantes et d'un commerce étendu.

En poursuivant ce but avec toute l'énergie de nos convictions, nous ne faisons qu'entrer dans les vues du gouvernement lui-même, qui a toujours entendu que les chemins de fer ne pourraient pas suppléer les voies d'eau et en tenir lieu, partout où ces dernières étaient praticables. « Je veux, a dit l'Empereur, dans son discours de Napoléonville, lors de son voyage de 1858 en Bretagne, je veux que les canaux fonctionnent en même temps que les chemins de fer et concourent avec eux à la prospérité du pays. »

Nous retrouvons la même pensée dans l'*Exposé de la situation de l'Empire* présenté aux Chambres en 1865 : « Le gouvernement, y est-il dit, a toujours proclamé que les voies d'eau, comme les voies de fer, étaient indispensables à la prospérité du pays, et que la concurrence de ces deux modes de communication était la véritable solution des transports à bon marché, c'est-à-dire de la question vitale du commerce et de l'industrie. Tous ses actes ont été conformes à cette pensée. Ainsi, bien loin de réserver toutes ses sympathies, toutes ses faveurs pour l'industrie des chemins de fer, il n'a jamais montré plus de sollicitude, déployé plus d'efforts pour l'amélioration des voies navigables que depuis l'époque où les chemins de fer ont commencé à prendre une place importante dans le système des communications intérieures. » L'*Exposé de la situation de l'Empire en 1866* renouvelle la même déclaration, dans des termes presque identiques : « Le développement de nos voies navigables peut seul, par sa concurrence avec les chemins de fer, résoudre la question vitale des transports à bon marché. » Enfin, au début de la session de 1867, l'*Exposé de la situation* n'a pas été moins explicite. On y lit, en effet : « La navigation peut seule former un utile contre-poids à l'influence exclusive des chemins de fer, et, par une sage concurrence, assurer à l'agriculture et à l'industrie le bienfait inappréciable des transports à bas prix. »

Nous sommes heureux également de rappeler que dans cette même session de 1867, au cours d'une discussion sur notre système de navigation intérieure, Son Exc. M. de Forcade de la Roquette, ministre de l'agriculture, du commerce et des travaux publics, parlant de la ligne de navigation de Strasbourg à Nantes par Paris, la désignait en ces termes : *la grande ligne de navigation qui du Rhin va à l'Océan ;* et peut-être nous sera-t-il permis de voir dans cette parole la consécration de l'idée, poursuivie par la Chambre de commerce, d'une voie navigable profonde de Nantes à la mer, qui serait la tête et le point de départ nécessaires de la ligne du *Rhin à l'Océan.*

Dans le discours qu'il a prononcé à Nantes, le 15 septembre 1867, Son Exc. M. Rouher, ministre d'Etat et des finances, a déclaré que le gouvernement ne pouvait isoler les intérêts de telle ou telle cité des intérêts d'un ordre plus étendu et plus général, « Attachez-vous, a-t-il ajouté, à démontrer, par la grande utilité de l'entreprise, la légitimité de la dépense. »

C'était pour nous un devoir de répondre à l'appel si bienveillant de M. le ministre d'Etat. Ce devoir, nous croyons l'avoir rempli dans les pages qui précèdent.

Elles démontrent, si nous ne nous faisons pas illusion, que relier Nantes à la mer par une voie navigable profonde est le seul moyen de lui conserver sa qualité de *port maritime* et celle de *grand marché* et de grand *centre industriel et commercial*; de prévenir la décadence de l'une des premières villes de l'Empire et l'énorme dépréciation de richesses acquises qui en serait la conséquence; de lui ouvrir au contraire les horizons d'un brillant avenir et d'une prospérité presque sans bornes; d'assurer à Nantes, au grand avantage du Trésor et du pays, l'accomplissement de cette loi dont on constate aujourd'hui la réalisation à Marseille et partout où de puissantes facilités sont accordées au commerce, et d'après laquelle les affaires déjà créées se multiplient, en raison même de ces facilités, dans une proportion sans cesse croissante; — de permettre à une industrie aujourd'hui éteinte dans notre département, celle des forges et hauts fourneaux, de renaître, de compléter enfin, dans les meilleures conditions possibles, la grande ligne de navigation intérieure qui va du Rhin à l'Océan.

Tant d'intérêts d'un ordre général ne légitiment-ils pas de la manière la plus complète la dépense à faire et qui est évaluée par les ingénieurs chargés des Études, à la somme de vingt-deux millions de francs? Et si, comme cela est juste, Nantes se montre disposée à participer aux charges de cet utile travail, ne pouvons-nous attendre avec confiance la décision du gouvernement?

CHAPITRE III.

La Chambre de commerce hésite d'autant moins à demander à l'Etat de concourir à cette dépense dans une très large mesure, que Nantes est, de tous nos grands ports, celui qui a le moins reçu du Trésor, et que, cependant, sa douane est l'une de celles qui lui versent chaque année les recettes les plus considérables.

Quelques chiffres sont nécessaires pour mettre ces deux points en pleine lumière.

I.

TABLEAU DES CRÉDITS ACCORDÉS DEPUIS TRENTE ANS AUX PORTS DE MARSEILLE, DU HAVRE, DE BORDEAUX ET DE NANTES.

1. — Port de Marseille.

Loi du 9 août 1839.

F. 7,200,000 Construction et élargissement des quais. Approfondissement du port.

Loi du 5 août 1844.

F. 17,180,000 Etablissement du port auxiliaire de la Jolliette et d'une route de ceinture au port de Marseille; construction d'un môle au port du Frioul.

Loi du 10 juin 1854.

F. 4,000,000 Pour les travaux du port d'Arenc.

28,300,000

28,380,000	*report.*
2,000,000	Pour l'assainissement du port, 4,5000,000 f. ont en outre été votés pour servir au déblaiement et à la mise en état des terrains de l'ancien Lazaret, ainsi qu'à la construction d'un nouveau Lazaret.
	Décret du 24 août 1859.
15,500,000	Travaux du port Napoléon.
	Décret du 29 août 1863.
9,000,000	Construction d'un nouveau bassin et de bassins de réparations.
54,880,000	Total du port de Marseille.

2 — Port du Havre.

	Loi du 9 août 1839
F. 6,000,000	Elargissement du bassin Vauban; construction d'un bassin à flot dans la retenue de la Floride.
	Loi du 5 août 1844.
19,922,000	Amélioration du chenal et de l'avant-port; travaux complémentaires des bassins de la Floride et de Vauban ; construction du nouveau bassin de l'Heure ; établissement d'un bassin-entrepôt, etc.
	Loi du 3 août 1844.
5,880,000	Affectés aux travaux de fortifications nécessités par l'extension projetée du port du Havre.
31,802,000	

31,802,000	*report.*
	Loi du 22 juin 1854.
8,000,000	Acceptant une avance de 8 millions de la ville pour l'amélioration du chenal, l'établissement d'un nouvel avant-port sur l'emplacement des fronts-ouest des fortifications actuelles et la construction d'un bassin-dock : cette avance remboursable au moyen d'un droit spécial.
	Décret du 17 octobre 1860.
650,000	Elargissement du chenal. Dépense de 2 millions, dont 1,350,000 fr. imputables sur les fonds avancés par la ville, en exécution de la loi du 22 juin 1854.
	Loi du 4 juin 1864.
8,000,000	Construction d'un bassin à flot, de trois formes de radoub sur l'emplacement de la citadelle. 8 millions avancés par la Chambre de Commerce. Terrains cédés par l'Etat à cette Chambre et prorogation à son profit du droit spécial établi, au profit de la ville du Havre, par la loi du 22 juin 1854.
48,452,000	Total du port du Havre.

3. — Port de Bordeaux.

Loi du 5 août 1844.

F. 3,500,000 Etablissement de quais au port de Bordeaux.

Décret du 25 août 1861.

F. 4,000,000 Travaux d'amélioration du port dans la partie qui s'étend le long des quais des Chartrons et de Bacalan.

Décret du 27 juillet 1867.

F. 12,500,000 Construction d'un bassin à flot dans le port de Bordeaux.

F. 20,000,000 Total du port de Bordeaux.

4. — Port de Nantes.

Loi du 9 août 1839.

F. 660,000 Constructions de quais au port de Nantes.

Loi du 19 juillet 1845.

F. 7,000,000 Etablissement d'un bassin à flot à St-Nazaire.

Décret du 24 août 1859.

F. 4,000,000 Travaux pour l'amélioration de la Loire entre Nantes et l'île Thérèse.

11,660,000

11,660,000 *report.*

Décret du 21 juiilet 1861.

F. 1,920,000 Travaux complémentaires du bassin à flot de Saint Nazaire.

F. 13,580,000 Total du port de Nantes.

Un décret, en date du 5 août 1861, a bien déclaré d'utilité publique les travaux pour l'exécution d'un second bassin à flot à Saint-Nazaire, dans l'anse de Penhouet, travaux évalués à 18,500,000 fr.; mais il n'y a pas lieu de les faire figurer au tableau des crédits accordés à Nantes. Nous avons vu, en effet, dans notre premier chapitre, que le bassin de Penhouet n'a jamais été demandé par le commerce de notre place, et que nos prédécesseurs se sont bornés, lorsque le dossier et les plans de ce bassin, décidé en dehors d'eux, leur ont été soumis conformément au vœu de la loi, à émettre un avis favorable. Le premier bassin doit seul être porté au tableau ci-dessus, parce que c'est le seul qui ait été demandé par la ville et le commerce de Nantes.

Ce tableau se résume donc dans les quatre chiffres ci-après :

Crédits accordés au port de :

Marseille	F. 54,880,000
Havre	48,452,000
Bordeaux	20,000,000
Nantes	13,580,000

II.

En regard de ces chiffres, plaçons ceux des recettes versées au Trésor par les douanes de ces mêmes villes.

Pendant les dix dernières années, de 1857 à 1866 — nous ne remontons pas plus haut que 1857, parce que c'est à partir de cette année-là seulement, que le *Tableau du commerce général de la France* nous fournit sur ce point des relevés officiels — les recettes de douanes se sont élevées.

Pour Marseille à . . F.	302,410,147
» le Havre. . . .	267,678,278
» Bordeaux. . . .	143,635,891
» Nantes	229,864,642

Ce chiffre de 229,864,642 fr., comprend exclusivement les recettes du port de Nantes; nous avons laissé en dehors les recettes des principalités de Paimbœuf, St-Nazaire et Guérande, qui se centralisent à la direction de Nantes.

Depuis 1860, époque de la réforme de nos tarifs douaniers, les recettes de Nantes, qui étaient déjà beaucoup plus élevées que celles de Bordeaux, sont supérieures à celles du Havre. Ainsi de 1860 à 1866, les recettes ont été :

A Marseille de . . F.	190,281,731
A Nantes.	146,252,531
Au Havre.	141,306,920
A Bordeaux.	94,240,803

Si l'on rapproche ces chiffres de ceux des crédits accordés, on est frappé de ce fait que Nantes, qui verse au Trésor des recettes égales à celles du Havre, et presque doubles de celles de Bordeaux, a reçu, depuis trente ans, près de trois fois moins que le port du Havre, et un tiers en moins que le port de Bordeaux,

Avons-nous besoin d'ajouter que, bien loin de nous plaindre des crédits qui ont été alloués à ces ports, nous donnons notre plus complète approbation à des dépenses qui ont contribué à la prospérité générale ? En reproduisant ces chiffres, nous n'avons d'autre but que de faire appel, comme c'est notre devoir, aux sentiments d'équité, à l'esprit de justice distributive dont est animé le gouvernement de l'Empereur. Cet appel sera entendu, nous en avons la profonde conviction.

CHAPITRE IV.

CONCLUSIONS

I.

Il est établi, par le rapport de M. l'ingénieur Carlier, que Nantes peut être reliée à l'Océan par une voie navigable donnant 6m oo de tirant d'eau en hautes mers, au moyen de travaux complémentaires à l'exécution des digues et de la création d'une section de canal sur la rive droite entre Couëron et la Jalais.

Les travaux complémentaires à faire dans la partie endiguée n'entraîneront, d'après M. l'ingénieur, qu'une dépense peu considérable ; la section de canal entre Couëron et la Jalais est évaluée à 22 millions.

Avec le concours que l'on est en droit d'espérer du commerce et de la ville de Nantes, la dépense qui restera à la charge de l'Etat sera sensiblement inférieure à 20 millions.

Ce chiffre est bien loin de tous ceux que l'on avait mis en avant jusqu'à ce jour et qui étaient tels qu'ils semblaient réléguer à jamais dans le domaine des impossibilités et des chimères la création d'un canal maritime entre Nantes et l'Océan ; encore bien qu'élevé, il ne dépasse pas ceux qui ont été accordés, en une seule fois, à la ville de Marseille ou à celle du Havre. La loi du 5 août 1844, en effet, a accordé à la première de ces deux villes, pour l'établissement du port de la Joliette, 17,180,000 fr.; la même loi a accordé à la ville du Havre, pour la construction du bassin de l'Heure, 19,922,000 fr.

En accordant à la ville de Nantes ce qu'elle sollicite aujourd'hui, le gouvernement ne fera donc rien qu'il n'ait déjà fait pour d'autres ports.

Et non seulement la somme que nous demandons, n'a rien d'exorbitant en elle-même, mais elle est relativement très faible, si on la compare aux pertes ou dépenses que l'Etat aurait à subir s'il ne reliait pas Nantes à l'Océan par une voie navigable profonde.

Si ce travail n'est pas exécuté, il arrivera de deux choses l'une :

Le grand centre commercial et industriel que possède Nantes disparaîtra, sans être remplacé ;

Ou il se déplacera pour se transporter à l'embouchure de la Loire.

Dans les deux cas, ce sera un malheur public affectant gravement les intérêts généraux du pays.

La disparition du centre commercial et industriel de Nantes serait un tel désastre, que nous n'admettons pas qu'une semblable hypothèse puisse être un seul instant acceptée par le gouvernement.

Reste la seconde, le déplacement, qui, bien qu'entrevu avec moins d'effroi, n'est cependant pas moins grave.

Lorsque la canalisation intérieure que le gouvernement poursuit sera achevée, Nantes se trouvera, sans autres frais, précisément au centre de toutes les routes de fer, de terre et d'eau dont disposera le pays pour l'exportation des produits des contrées les plus fertiles de son territoire.

St-Nazaire n'est encore desservi que par un chemin de fer. La largeur de la Loire à son embouchure ne lui permet aucune communication directe avec la rive gauche, et la partie maritime du fleuve, trop souvent agitée, est impraticable pour les bateaux légers qui descendent des canaux intérieurs ou du haut de la Loire.

Les intérêts de l'industrie et ceux de l'agriculture surtout, exigent pourtant d'une manière impérieuse qu'il n'y ait pas de solution de continuité entre la navigation fluviale et la navigation maritime et qu'elles puissent se rencontrer dans une ville où la manutention de la marchandise s'opère presque sans frais, par transbordement.

Qui ne voit dès lors que la translation du centre commercial à St-Nazaire y nécessiterait des travaux si considérables, que le chiffre de 22 millions ne serait qu'une petite portion de la dépense?

Il faudrait compléter le réseau des routes de terre et de fer pour desservir le côté nord de la Loire; quant au côté sud, il n'y a pas de pont possible entre Mindin (rive gauche) et St-Nazaire, cette ville ne pourra jamais desservir la Vendée, avec laquelle Nantes est au contraire en communication si facile. Il faudrait élever les monuments publics, ouvrir de nouveaux bassins et enfin creuser un canal pour former un trait d'union entre la navigation fluviale et la navigation maritime. A moins, en effet, que l'on ne se résigne à abandonner complétement les transports par eau et à forcer le commerce de remettre toutes ses marchandises aux compagnies de chemins de fer, il faudra toujours que la navigation fluviale et la navigation maritime se rencontrent sur un point.

Sera-ce à Nantes? Le bon sens dit oui; le moyen est trouvé et relativement peu coûteux; c'est un canal maritime.

Sera-ce à St-Nazaire? Mais il y aura toujours nécessité de creuser un canal et d'ajouter ce surcroît de frais aux dépenses énormes que nous avons dû indiquer.

Et quand tout cela sera fait, quand St-Nazaire sera devenu, nous l'admettons pour un instant, l'entrepôt de l'Ouest de la France, on aura réussi, en cas de guerre — prévision dont il est bien impossible de ne pas tenir compte — à placer sous le feu de l'ennemi cent millions de marchandises peut-être parfaitement en sûreté dans les entrepôts, les chantiers et les usines de Nantes.

Si les dépenses les mieux justifiées sont celles qui assurent dans le présent d'utiles résultats et qui préviennent dans l'avenir des frais incomparablement plus élevés, aucune dépense ne saurait donc être plus raisonnable et plus sage que celle que le commerce de Nantes demande au gouvernement de vouloir bien faire.

II.

Après avoir ramené à ses véritables proportions et montré sous son vrai jour la dépense qu'il s'agit de faire pour relier Nantes à la mer par une voie navigable profonde, rappelons brièvement les considérations qui militent en faveur de cette solution, surtout au point de vue général.

Nantes est placée dans une situation exceptionnelle, et en suivant, du nord au midi de la France, toutes nos côtes de l'Océan, on ne trouve pas un seul autre port qui soit dans des conditions aussi favorables pour rendre au pays tout entier des services aussi éminents.

Sa position sur les deux rives de la Loire, au point précis où s'opère la jonction de la partie fluviale et de la partie maritime, en fait véritablement la clef de ce fleuve, qui, traversant le centre même du pays, se rattachant par des canaux avec tout notre réseau de navigation intérieure, est le fleuve français par excellence. On comprend quelle importance il y a, par suite, à ce que la ville, qui est placée en tête de ce fleuve, et qui commande en quelque sorte sa navigation, soit aussi florissante que possible ; à ce qu'elle soit un vaste entrepôt, un marché où viennent s'accumuler les produits exotiques destinés à la consommation française et les produits français destinés à l'exportation, un centre industriel où les matières premières soient travaillées et se transforment. Que cette ville soit atteinte dans les sources de sa prospérité; qu'elle décline ou seulement cesse de se développer, le contre-coup de ce fâcheux état de choses se fera sentir au loin; tous les départements qui sont en rapports avec Nantes par notre réseau de navigation intérieure se ressentiront, dans une mesure plus ou moins large, de cet état de langueur; le cœur étant blessé, tous les membres souffriront.

Si maintenant nous considérons la place de Nantes, non plus seulement dans ses rapports avec la navigation de la Loire, et comme l'élément essentiel de *la grande ligne qui du Rhin va à l'Océan*, mais d'une manière plus générale, comme un centre maritime, commercial et industriel, il nous est impossible de ne pas insister, en terminant, sur ce côté de la question, au point de vue des intérêts vitaux du pays.

Que la fortune publique, que la prospérité commerciale d'une nation dépendent de l'existence de *grands marchés* dans son sein, c'est là un axiôme sur lequel nous n'avons point à revenir : il suffit de le rappeler.

Ce qui n'est pas moins incontestable, c'est que la création de l'un de ces *marchés* est une œuvre particulièrement difficile, qui demande pour être réalisée, un concours de circonstances très rares à rencontrer et qui, le plus souvent, exige les efforts de plusieurs générations.

Les peuples, même les plus puissants, doivent donc considérer comme une de leurs richesses les plus précieuses, une de celles sur lesquelles ils doivent veiller avec plus de sollicitude, les *grands marchés* qu'ils sont assez heureux pour posséder. Conserver ceux qui existent, éloigner d'eux toutes les causes de décadence qui pourraient les menacer, c'est là un des premiers devoirs des gouvernements. Il leur appartient même d'aller plus loin et de ne rien négliger pour que ces centres commerciaux et industriels soient en mesure de répondre, de la manière la plus large, aux besoins qu'ils sont appelés à satisfaire.

La fonction d'une place telle que Nantes n'est pas seulement de recevoir par la voie de mer les produits exotiques et de les diriger sur les divers points de la France ou du continent, ou réciproquement de recevoir de l'intérieur des produits qu'elle expédiera par mer à l'étranger ; son rôle est plus vaste. A la fois ville maritime, commerciale et industrielle, et non pas seulement ville de transit, elle est un immense atelier où les produits les plus divers s'élaborent et se transforment ; il importe dès lors qu'à ce titre elle ait une organisation aussi complète et aussi perfectionnée que possible.

A la suite du traité de commerce avec l'Angleterre, nos usines ont dû faire toutes les dépenses reconnues nécessaires pour leur permettre de soutenir la concurrence étrangère ; leur salut était à ce prix. Nous dirions volontiers que la situation ici est la même. Nantes, prise dans son ensemble, est un immense atelier dont le pays retire les bénéfices les plus certains ; le pays et le gouvernement qui la représente ne sont pas moins intéressés à prévenir sa ruine ; à la munir de tous les éléments de succès ; à faire, en un mot, toutes les dépenses reconnues indispensables à son développement, que nos manufacturiers n'étaient intéressés à agir comme ils l'ont fait pour leurs propres établissements.

Le gouvernement doit d'autant moins hésiter à entrer dans cette voie, qu'en admettant que Nantes pût être remplacée comme ville de transit, comme entrepôt, il est évident qu'elle ne pourrait pas l'être comme centre industriel et commercial. Outre que cela ne s'improvise point, Nantes est placée dans des conditions que l'on ne retrouverait point ailleurs, et en particulier à St-Nazaire. Il s'agirait donc — nous l'avons dit et nous le répétons — non d'un déplacement, mais d'un anéantissement de forces ; elles tiennent à notre sol par des racines trop profondes pour ne pas périr si on les en arrachait. Et ici, qu'on le remarque, nous n'avons point en vue les pertes qui frapperaient les habitants de Nantes, nous sommes toujours et uniquement sur le terrain des intérêts généraux. Ce qui nous préoccupe en ce moment, ce n'est pas la valeur de Nantes, considérée dans ses maisons et toutes ses propriétés immobilières, c'est sa valeur en tant qu'elle réunit dans son sein un ensemble de forces vives — armements maritimes, établissements métallurgiques, chantiers de constructions, raffineries, manufactures et usines de toute nature, marché de céréales, entrepôts, maisons de commerce, relations séculaires avec les pays les plus divers et les plus lointains. C'est sa valeur à ce point de vue qui nous préoccupe. Eh bien ! ne faut-il pas reconnaître que cette valeur est incalculable, qu'elle appartient au pays tout entier, et que le jour où elle serait détruite ou seulement notablement diminuée, ce serait la fortune du pays qui serait atteinte ?

Lorsque nous demandons que des mesures soient prises pour conserver ces forces vives, pour donner à Nantes en tant que centre industriel et commercial, en tant qu'atelier de transformation et de production, une organisation plus complète et des améliorations absolument indispensables, ce que nous défendons, ce n'est donc pas seulement la cause particulière de Nantes, c'est aussi celle de tout le bassin de la Loire, celle même du pays et du gouvernement, intéressés à ne pas voir dépérir les forces vives et multiples dont l'ensemble constitue notre ville : la prospérité commerciale des nations est en raison directe du nombre et de l'importance de leurs *grands marchés*.

Appuyés sur les considérations développées dans ce *Mémoire* et sur les chiffres que nous y avons cités, nous venons demander au gouvernement, au nom du commerce de Nantes et de sa population tout entière, et en même temps au nom des intérêts généraux du pays, de vouloir bien déclarer d'utilité publique l'exécution de dragages dans la partie endiguée de la Basse-Loire, afin d'obtenir un tirant d'eau de 6 mètres et l'exécution de la section intermédiaire du canal de la rive droite entre Couëron et la Jalais.

Nantes, le 19 novembre 1867.

Les Membres de la Chambre de commerce de Nantes :

G. LAURIOL, *vice-président ;* H. POLO, E. DUBIGEON fils, BABIN-CHEVAYE, L. FLORNOY, LARRAY, A. GILÉE, BESNIER, H. THÉBAUD, J. CHEGUILLAUME, A. BROUSSET, DE FLORIS.

Le Secrétaire de la Chambre de Commerce :

EDMOND BIRÉ.

Nantes, imp. Ev. Mangin.